I0821530

El diablo espinoso

Grace Hansen

Abdo Kids Jumbo es una subdivisión de Abdo Kids
abdobooks.com

abdobooks.com

Published by Abdo Kids, a division of ABDO, P.O. Box 398166, Minneapolis, Minnesota 55439.
Copyright © 2020 by Abdo Consulting Group, Inc. International copyrights reserved in all countries. No part of this book may be reproduced in any form without written permission from the publisher.
Abdo Kids Jumbo™ is a trademark and logo of Abdo Kids.

Printed in the United States of America, North Mankato, Minnesota.

102019

012020

Spanish Translator: Maria Puchol

Photo Credits: Alamy, Animals Animals, Getty Images, iStock, Minden Pictures, Shutterstock, ©Fritz Hiersche p.13/123RF.com

Production Contributors: Teddy Borth, Jennie Forsberg, Grace Hansen
Design Contributors: Dorothy Toth, Pakou Moua

Library of Congress Control Number: 2019943932

Publisher's Cataloging-in-Publication Data

Names: Hansen, Grace, author.

Title: El diablo espinoso/ by Grace Hansen

Other title: Thorny Devil. Spanish

Description: Minneapolis, Minnesota : Abdo Kids, 2020. | Series: Animales de Australia

Identifiers: ISBN 9781098200862 (lib.bdg.) | ISBN 9781098201845 (ebook)

Subjects: LCSH: Lizards--Juvenile literature. | Reptiles--Australia--Juvenile literature. | Animals--Australia--Juvenile literature. | Spanish language materials--Juvenile literature.

Classification: DDC 597.955--dc23

Contenido

Los diablos espinosos

El diablo espinoso vive en el centro y oeste de Australia. Se les puede encontrar en zonas desérticas y **matorrales** secos.

Los diablos espinosos son lagartos. Y como muchos animales australianos, son unos animales **singulares**. ¡Están cubiertos casi completamente por espinas punzantes!

Estas espinas punzantes sirven para algo más que su aspecto atractivo. Le ayudan a protegerse de muchos peligros.

La piel de los diablos espinosos puede cambiar de color. Esto les ayuda a camuflarse.

Alimentación y caza

Los diablos espinosos pasan la mayoría de su tiempo buscando alimento. ¡Su comida favorita son las hormigas negras! Comen miles de hormigas al día.

hormiga negra

Sus lenguas pegajosas facilitan la caza de estas hormigas. Tienen dientes especiales para masticarlas.

Madrigueras

En días muy cálidos o muy fríos, los diablos espinosos excavan madrigueras. Se refugian dentro y no se mueven para nada. Esto les ayuda a sobrevivir.

Crías de diablo espinoso

Las **hembras** también excavan madrigueras para poner sus huevos. Ponen de 3 a 10 huevos cada vez. La incubación dura de 90 a 130 días.

Las crías de los diablos espinosos son muy pequeñas. Se comen la cáscara de su huevo parar fortalecerse. Cuando están fuertes salen de la madriguera para buscar hormigas.

Más datos

- El agua de lluvia se acumula entre las espinas del lagarto. Desde donde se mueve hacia su boca. Esto le ayuda en el seco desierto.

- Los diablos espinosos pueden inflarse para aparentar ser más grandes. Esto puede prevenir ser devorado por un depredador, ya que parecen más difíciles de tragar.

- Estos lagartos caminan de forma graciosa. Caminan despacio, se detienen constantemente y se balancean hacia adelante y hacia atrás. Esto puede ser otra forma de confundir a los depredadores.

Glosario

hembra – animal que puede producir huevos o tener crías.

matorrales – tierra cubierta de maleza.

singular – único de su tipo.

Índice

¡Visita nuestra página **abdokids.com** para tener acceso a juegos, manualidades, videos y mucho más!

Usa este código Abdo Kids

ATK5472

¡o escanea este código QR!